법륜·일곱

마음, 과연 무엇인가
- 불교의 심리학적 측면 -

삐야닷시 스님 지음 | 소만 옮김

고요한소리

The Psychological
Aspect of Buddhism

PIYADASSI THERA
Vajirarama, Colombo, Sri Lanka

1972, The Wheel Publication No.179
Buddhist Publication Society
Kandy, Sri Lanka

제5회 바론 자야띨라까 경卿 추모 강연

- 1972년 2월 13일 콜롬보 불교청년회Y.M.B.A.에서 -

일러두기

* 이 책에 나오는 경經의 출전은 영국 빠알리성전협회PTS에서 간행한 로마자 본
  빠알리 경임.
* 로마자 빠알리어와 영문 책 제목은 이탤릭체로 표기함.
* 각주는 원주이며, 역주는 [역주]로 표기함.

차 례

머리말

불교가 마음을 중심으로 삼는 교리 체계임은 우리가 익히 알고 있는 바이다.

그래서 중국에서는 불교를 심학心學이라 부르기도 했다. 이렇듯 불교의 심리학적 측면은 우리에게 낯익다. 그러나 낯이 익다 하여 반드시 그 내용을 숙지하고 있다고는 할 수 없다. 친숙한 만큼이나 피상적일 수도 있기 때문이다.

서양에서는 우주와 인간의 창조주로서의 신神과 주위 환경, 특히 인간의 생활 수단인 물질세계에 대해 주로 관심을 쏟느라 '마음' 그 자체에 대해서는 의외로 등한시해 온 면이 없지 않다. 철학 역시 존재론과 인식론 사이를 오가느라 마음에 관한 연구에서도 인식의 구조와 과정을 밝히는 데 치중하고 정작 마음 그 자체의 본질을 규명하는 데는 소홀했던 감이 없지 않다.

이러한 한계를 벗어나려는 노력이 현대 심리학의 눈부

신 발전으로 나타나고 있지만 불교의 관점에서 볼 때 현대 심리학마저도 마음의 기능 면에 대한 연구에 그치고 마는 듯하다.

불교 역시 마음의 기능에 대해 깊이 궁구하고 있으며 기능의 파악에 그치지 않고 마음 그 자체를 밝혀 이를 지배하려는, 그래서 식識의 세계로부터 해탈하려는 원대한 목적을 가지고 있다. 마음을 지배하게 되면 지혜가 생기는데 삶의 윤회 과정을 있는 그대로 볼 수 있는 능력은 바로 이 지혜가 제공하는 선물 가운데 하나인 것이다.

이렇듯 현대 심리학과 불교 심리학은 유사하면서도 근본적인 지향점에서는 현격한 차이가 있다. 현대 심리학이 불교 심리학의 지혜에 접근하게 될 날은 언제일까. 그날은 서구의 헛된 우월감이 사라지고 동서양이 참 인류로 화합하는 극적인 날이 될 것이다. 그날을 하루라도 앞당기는 것은 오늘날 인류가 처한 이 위기상황에서는 참으로 중차대한 일이다.

따라서 우리는 서구 현대 심리학의 눈으로 불교를 바라봄으로써 이 두 위대한 전통에 대한 이해를 한 걸음 더 진전시킬 필요가 있다.

해탈을 한낱 특정 종교의 이상理想으로 치부해 버리는 이 무지의 질곡에서 인류가 해방되려면 마음 그것이 무엇인지, 그것이 하는 일이 무엇인지, 특히 윤회와 관련해서 깊이 궁구해 보는 거듭된 노력이 없어서는 안 될 것이다.

〈고요한소리〉 편집실

마음, 과연 무엇인가
- 불교의 심리학적 측면 -

  콜롬보 불교청년회Y.M.B.A. 초청으로 제5회 바론 자야띨라까 경卿의 추모 강연을 하게 된 것을 기쁘게 생각합니다.

  강연에 들어가기 전에 바론 자야띨라까 경에 대해 몇 말씀 올리고자 합니다. 경은 불교청년회의 초창기부터 경이 돌아가신 1944년까지 46년간 청년회에서 회장으로 봉직하였습니다.

  설립 초기의 온갖 고난 속에서도 경은 후원자나 영향력 있는 친구들의 도움 없이 거의 혼자 힘으로 협회를 키워내다시피 한 입지전적 인물입니다. 그의 생애는 사람 마음의 힘이 얼마나 위대한가를 보여주는 일화로 가득 차 있습니다. 여러 방면에 걸쳐 종횡무진으로 활약한 경의 생애를 회고하는 모처럼의 이 기회에, 우리는 위없는 깨달음을 성취하신 부처님께서 사람 마음의 힘에 관해 하신 말씀들을 한두 시간 생각해보는 것도 좋겠습니다. 바꾸어 말해 '불교의 심리학적 측면'에 관해 곰곰이 생각해 보자는 것입니다.

냉철한 자세로 초기 불교에 관한 서적들을 신중히 탐독하던 불교학도 자야띨라까 경은 활력 넘치는 인물, 종교적 스승 한 분을 만나게 됩니다. 그 스승은 도덕적, 지성적, 정신적 완성을 통해 속박으로부터의 해방과 지고의 깨달음을 성취하고, 지칠 줄 모르는 열성과 강철 같은 결의로 자신이 깨달은 진리를 널리 펴신 분이었습니다. 그 활력 넘치는 인물은 다른 누구도 아닌 고따마 싯닷타, 우리에게 부처님으로 알려진 그분이었습니다. 이 스승은 인간 이상의 특별한 존재를 자처한 일이 없었지만 결코 수많은 여느 철학자 가운데 한 사람은 아니었습니다. 그분은 삶의 방식[道]을 가르쳤으며 저 비길 데 없이 훌륭한 '진리의 수레바퀴[法輪 Dhammacakka]'를 굴리시어 인류의 사고思考와 삶을 혁신한 스승이었던 것입니다. 그분의 희생적 열의와 크나큰 사랑, 깊은 배려, 관용은 그분의 뛰어난 인격과 결합되어 당시의 인도인들을 무지의 잠에서 일깨우고 고무시켜 주었던 것입니다.

부처님은 모든 사람과 시대를 향해 말씀하셨습니다. 그의 가르침인 법法 *Dhamma*은 모든 사람을, 그들의 언어가 무엇이든, 어떤 옷을 입든, 어떤 나라에 살든 관계없이 모든 사람들을 위해 베풀어진 것이었습니다. 이처럼 부처님은 진리를 언어로 쓰셨고, 진리의 옷을 입으셨고, 전 세계가 그의 조국이었던 것입니다. 왜냐하면 진리는 어디에나 항상 있어서 누구든지 개인의 노력으로 깨달을 수 있기 때문입니다. 법의 보편성이란 이를 두고 하는 말입니다.

진리는 개념적인 것이 아니며, 따라서 말이나 그 밖의 상징에 의해서 전달될 수 없습니다. '깨달은 분'은 진리에 이르는 길을 보여줌으로써 우리를 인도할 수 있습니다. 그러나 마음의 숨은 작용을 밝혀내고, 진리를 깨닫고 그래서 내면의 힘에 직접 접할 수 있도록 하려면 불교에서 명상이라 부르는 자기 탐구의 방법을 자신이 스스로 추구해 나아가야 합니다.

부처님께서 45년이란 긴 세월에 걸쳐 가르치신 내용은 매우 광범위하고 다양하고 강력한 힘을 가진 것이어서 학자들은 불교를 종교라고도 하고, 철학이라고도 하고, 윤리적 강령, 종교 철학적 체계 또는 윤리적 이상주의라고도 부릅니다. 그러나 불교만큼 심리학을 중하게 여기는 종교도 없다는 사실을 알아야 합니다. 다른 학문 연구 분야처럼 일반 심리학에서는 마음을 정적靜的인 면으로 정의하는 데 반해, 불교 심리학에서는 정신생활을 동적動的인 면으로 다루고 있습니다.

　현대 심리학은 많은 어려움과 끈질긴 노력 끝에 마음의 정적 측면만을 고집하던 전통적인 학파들의 낡은 주장에서 벗어나 옛 학설인 역동적 심리 이론 쪽으로 다시 눈을 돌리고 있습니다. 물론 약간의 변화가 있는 것은 분명하지만 근본원리는 같습니다. 오늘날 많은 심리학자들은 인간 마음의 역동적 성질을 받아들이고 있으며, 현대 심리학 교과서들은 영혼이라는 개념을 마침내 버리고 심리학을 인간 행동에 관한 학문으로 간주하기에 이르렀습니다. 이제 우리는 심리학이 모처럼 찾아낸 올바른 궤도를 이탈하는 일이 없기를 바랄 뿐입니다.

불교도는 종교가 과연 무엇이며, 종교의 기원은 무엇인가 하는 가장 근원적인 문제마저도 형이상학적으로 다루지 않고 심리학적이며 지적인 문제로 다룹니다. 불교도에게 종교는 단순한 신조도, 하늘이 내린 율법도, 미지의 것에 대한 공포도 아니며, 피조물의 선행·악행을 상벌하는 초자연적 존재에 대한 두려움도 아닙니다. 그러한 신학적 관심이 아니라, 둑카dukkha 苦의 경험에서 비롯된 심리학적이며 지적인 관심인 바, 여기에서 고苦란 일상에서 느낄 수 있는 삶의 속성 바로 그 자체라고 할 괴로움, 갈등, 불만 상태인 것입니다.

불교 교리의 내용을 고찰해 보면, 부처님의 가르침은 창조주로서 신의 개념을 골자로 하는 종교 체계들과는 판이하게 다르다는 것을 알 수 있습니다. 불교도 종교성이 짙은 것은 사실이나, 적어도 인류학자들이 쓰고 있는 것과 같은 뜻에서라면 불교는 오늘날 흔하디흔한 그 종교 속에 포함될 수 없습니다. 일반적으로 종교의 개념은 신 또는 초자연적 힘을 중심으로 한 체계와 결부되어 있습니다. 하지만 불교는 규정된 의식儀式체계나, 천인天人 또는 신들에 대한 예배와 기원을 주장하지 않습니다. 인간의 편에서 보아 어떤 높고 보이지 않는 힘이 인간의 운명을 지배할 수 있다고는 생각하지 않는 것입니다. 불교에서는 인간이 이룬 모든 성취와 업적을 인간의 노력과 인간의 지력이 거둔 결과로 봅니다. 결국 불교는 인간 중심적 종교이지 신 중심적 종교가 아닌 것입니다. 따라서 불교도에게 종교란 완전한 마음의 자유, 통찰의 구극적 성취에 이름으로써 일체 고와 윤회에 종지부를 찍기 위해 도덕적, 정신적, 지적 단련을 닦아나아가는 노정이라는 의미에서 삶의 진로 바로 그것입니다.

철학적 견지에서 볼 때, 부처님은 유사 이래로 동서양 모든 철학자를 괴롭혀 온 문제들에 대해 관심을 두지 않았습니다. 사람을 혼란하게 하고 정신적 평형을 어지럽히기만 할 뿐인 형이상학적인 문제들에 관심을 두지 않았던 것입니다. 그분께서는 이들 문제를 해결한다고 해서 인류가 고苦, 즉 삶의 만족스럽지 못한 성질로부터 해방되는 것은 아니라는 사실을 알고 계셨던 것입니다. 부처님께서 그 같은 질문에 대해 대답하기를 꺼려하시고 또 잘못된 해석을 바로잡아 주기를 경우에 따라 삼가신 것도 그 때문이었습니다. 이를테면 세상은 영원한가 영원하지 않은가, 유한有限한가 무한無限한가, 세상에는 끝이 있는가 없는가, 세상의 기원은 무엇인가와 같은 질문들에 대해 그분은 선뜻 대답하지 않았습니다. 이처럼 언뜻 보기에는 대단히 중요한 것 같지만 실제로는 아무 쓸모도 없는 질문에 대해 부처님은 종종 침묵을 지키셨으니, 침묵이야말로 그와 같은 사변적이며 무의미한 질문에 대한 가장 훌륭한 답이 되기 때문입니다. 이들 의문과 이의異意를 해결하는 유일한 길은 인간 마음 속 가장 깊은 곳을 탐구하는 것이며, 그러려면 먼저 행동을 청정히 하고 이러한 청정에 의해 비로소 가능해지는 올바른 명상을 바탕으로 하여 깊이 자기 성찰을 해야만 합니다.

불교의 주요 교리, 즉 의도적 행위 또는 도덕적 인과율을 가리키는 업의 이론이라든지 윤회, 선정 그리고 선정이 가져오는 정신적 성취 등과 같은 중요한 문제는 모두 인간 마음의 작용으로서 더할 나위 없이 훌륭하게 연구, 검토되어 왔습니다. 그런 의미에서 불교야말로 최고 수준의 심리학 연구라 해야 마땅할 것입니다.

불교 경전 가운데 아비담마[論藏]에 마음과 마음에 부수해서 일어나는 정신적 요소들이 아주 자세히 설명되어 있어서 불자의 삶의 진로에 많은 도움을 주고 있습니다. 부처님의 문답이나 법문을 자세히 검토해 보면 심리학은 논장뿐만 아니라 경장經藏에서도 역시 중요한 역할을 하고 있다는 확신을 갖게 됩니다. 마음의 본성에 관해, 마음을 청정하게 하는 방법에 관해, 마음의 노예가 아니라 그 주인이 되는 방법에 관해, 부처님께서 꼭 해주셔야 할 말씀들이 경장에 분명하게 밝혀져 있습니다. 예를 들어, 마음을 챙기는 방법을 설하신 《염처경念處經 *Satipaṭṭhāna Sutta*》[1]이나, 산만한 생각을 제거하는 방법을 설하신 《생각의 진정 경 *Vitakkasaṇṭhāna Sutta*》[2], 그 외에도 비슷한 내용을 다루고 있는 주요 경들을 보면 그러한 사실을 알 수

---

1 《중부》 10경, 영역본 Wheels No.19(BPS) 참조.《염처경과 현대의 삶에 대한 적용 *The Satipaṭṭhāna Sutta and It's Application to Modern Life*》(구나라뜨나 스님 Wheels No.60(BPS)) 참조

2 《중부》 20경, 영역본 Wheels No.21(BPS) 참조

있습니다.

불교는 어떤 종교보다도 심리학적인 성격이 짙습니다. 마음의 복잡한 작용들이 그 어떤 종교에서보다 불교에서 매우 자세히 다루어지고 있다는 것은 주목해야 할 일이며, 따라서 심리학은 어느 종교보다도 불교와 깊은 동반자 관계를 맺고 있는 것입니다.

어떤 이는 물을 것입니다. '그럼 불교는 현대 심리학과 연관이 있느냐'고. 있습니다. 하지만 약간의 차이가 있습니다. 불교는 분석적分析的인 면보다는 치유적治癒的인 면에 더 관심을 두고 있습니다. 불교는 우리가 지성을 넘어서서 삶 자체의 실제 경험에 도달하도록 도와줍니다. 부처님은 명상을 통하여, 누구나 마음 속 깊이 공통되게 앓고 있는 질병들을 발견하셨던 것입니다. 마음이 벌이는 일들을 너무나 확연하게 통찰하고 있었기에 부처님은 자연히 가장 훌륭한 심리학자이자 과학자일 수밖에 없었던 것입니다. 부처님이 인간의 정신생활에 관한 진리들을 찾아낸 방법은 현대 심리학에서 실험주의자들이 쓰는 방법과는 다릅니다. 부처님이 발견한 것은 지금도 여전히 진실이며 실험주의자들의 연구에 의해 점점 더 확증되어 가고 있습니다. 그러나 그 목적에 관한 한 불교에서 하는 탐구는 과학자의 그것과는 전혀 다릅니다. 마음과 물질[名色]의 성질에 관한 부처님의 설명은 특정한 목적을 가지고 있습니다. 그것은 오로지 인간의 해탈, 즉 속박으로부터의 완전한 해방입니다. 부처님은 인간 행동의 발생 과정에서 우리의 내면생활이 차지하는 결정적 역할을 주목하셨기 때문에 마음과 정신적 현상들에 그토록 역점을 두셨던 것입니다. 유신론有神論적인 종교의 근본을 이루는 것은 신입니다. 비유신론非有神論적인 불교에서는 마음이 근본입니다.

기독교 바이블은 "태초에 신이 하늘과 땅을 창조하셨다."로 시작되는데, 불교의 바이블이라 할 수 있는 《법구경法句經》은 첫 구절이 "마음은 모든 것에 앞선다. 마음이 모든 것을 지배하며, 마음이 모든 것을 창조한다."라고 되어 있습니다. 기독교의 하느님 말씀은(사실상 모든 유신론적 종교의 신들의 말씀이 그러하듯이) 신, 하늘, 즉 구원(久遠 The Beyond)의 길을 제시하고 있습니다. 그와는 달리 부처님은 해탈 체계에서 마음에 가장 큰 비중을 두고, 사람들을 분별分別과 탐구의 길로 나아가도록, 마음의 내적인 힘과 자질을 향상시키는 실질적 과업에 몰두하도록 촉구해 마지 않습니다.

부처님은 말씀하십니다.

너 스스로 필요한 노력을 쏟아 자신의 해탈을 성취하도록 하여라. 여래들은 다만 그 길을 일러 줄 뿐이니라.[3]

마음의 자유라는 이상理想을 충분히 이해할 수 있으려면 마음의 중요성부터 음미해 볼 필요가 있습니다. 사람마음의 중요성에 대하여 올바른 이해가 없으면 마음의 자유를 신장, 수호해 나가야 할 필요성이 왜 그다지도 절실한지 그 이유를 충분히 헤아려 볼 수가 없습니다.

모든 힘 가운데서도 마음의 힘이 가장 강력합니다. 그

---

3 《법구경》 276 게송.

힘은 다른 어떤 힘도 능가합니다. 마음 그 자체가 힘 바로 그것입니다. 이 힘이 성장하는 것을 방해하려 든다면 그것은 벌써 잘못된 길로 들어서는 것입니다. 이러한 마음의 힘을 부처님처럼 철저하게 이해한 사람은 일찍이 아무도 없었습니다.

불교는 물질세계를 부인하지 않습니다. 그러나 물질계가 정신생활에 미치는 막대한 영향력을 인정하면서도 사람 마음의 크나큰 중요성을 강조하고 있습니다. 한번은 어떤 비구가 부처님께 여쭈었습니다.

존자시여! 이 세상은 무엇에 의해 인도引導되고 있습니까? 무엇이 세상을 이끌어가고 있으며, 모든 것을 지배하는 한 가지 법法이 있다면 그것은 무엇입니까?

부처님의 대답은 단호했습니다.

비구여! 세상은 마음(생각)에 의해 인도되고, 마음이 세상을 이끌고 있으며, 모든 것이 마음이란 한 가지 법의 지배하에 있

느니라.[4]

마음 또는 식識이 우리 존재의 핵심이라고 보는 것이 불교의 관점입니다. 고통과 즐거움, 슬픔과 행복, 선과 악, 삶과 죽음 같은 모든 심리적 경험들을 어떤 외부적 작인 作因의 탓으로 돌리지 않습니다. 그 모든 것은 우리 자신의 생각과 그 생각이 초래한 행동의 결과인 것입니다.

불자답게 사는 삶은 자신의 말과 행동과 생각을 깨끗이 하기 위해 분투, 노력하는 과정이어야 합니다. 그 일생은 자기 완성에 이르는, 자기 발전과 자기 정화의 길이어야 하는 것입니다. 실제적 결과에 역점을 두어야 합니다. 단순한 철학적 사변이나 논리적인 추상, 심지어 심사숙고마저도 실천과 결부되지 않으면 의미가 없습니다. 불교의 도덕적 특질이나 불교심리학은 저 영원한 진리인 고苦, 즉 일체 유정물이나 일체 경험적 실존들의 불만족성에 입각하고 있습니다.

---

4 《증지부》 II권 177쪽.

부처님께서는 말씀하셨습니다.

오로지 한 가지를 나는 가르친다.
고와 고의 종식을.[5]

이 명백한 말씀을 이해하면 불교를 이해한 것이 됩니다. 왜냐하면 불교의 모든 가르침은 바로 이 하나의 원칙을 적용한 데 불과하기 때문입니다.

부처의 깨달음이란 다름 아닌 '네 가지 성스러운 진리[四聖諦]' 즉 고통과, 고통이 일어나는 원인과, 고통의 소멸과, 고통의 소멸에 이르는 길[苦·集·滅·道]인 것입니다. 여타의 가르침들은 이 네 가지 진리를 논리적으로 전개한 것이거나 좀 더 상세히 설명한 것일 뿐입니다.

이것이 모든 시대 부처들이 한결같이 가르치신 부처 특유의
가르침이니라.[6]

---

5 《중부》 22경 I권 140쪽.
6 《율장》〈대품〉 I권 16쪽, II권 156쪽, 《장부》 I권 110쪽, 《중부》 I권 380쪽, 《증지부》 IV권 186쪽.

부처님은 실질적인 스승이셨습니다. 그분은 무생물계보다는 생명을 가진 존재들에 대해 더 관심이 있었습니다. 그분의 유일한 목적이라면 존재의 신비를 벗기는 것, 생성[有]의 문제를 밝히는 것이었습니다. 그분께서는 삶의 영원한 진실인 네 개의 진리를 완전무결하게 파악함으로써 이 일을 해내셨던 것입니다. 그리고 자신에게 귀 기울이는 모든 사람들에게 상세하게 '고'의 문제를 삶의 보편적 현실 문제로 설명해 주어, 사람들이 '고'의 벅찬 힘을 느끼고 확인하게끔 만들고자 애쓰셨습니다. 그분께서는 자신이 무엇을 설명하며 또 무엇을 설명하지 않는지 분명히 밝히십니다. 이 세상을 그리고 이 세상에서 벌어지는 온갖 일들을 올바른 관점에서 바라보는 사람이라면 삶의 첫째 관심사는 단순한 사고의 유희나 황당무계한 상상의 영역을 떠도는 따위가 아니라, 둑카*dukkha* 苦, 즉 불만족으로부터 참된 행복과 자유를 얻는 것일 겁니다. 그런 사람은 다음과 같은 핵심적인 질문으로 참된 지식 여부를 가리려 할 것입니다.

　　'이 배움은 정신적 평화와 고요함 그리고 진정한 행복을 얻는 데에 도움이 될 것인가?'

부처님은 말씀하십니다.

식識과 상想을 더불은 이 한 길 몸뚱이[色] 속에 세계와 세계의 소멸과 세계의 소멸에 이르는 길이 있음을 나는 천명하노라.[7]

여기서 '세계'란 말은 둑카[苦]를 의미합니다.

그분의 가르침에 따르면 고통은 오온五蘊으로부터, 즉 이 한 길 몸과 마음으로부터 분리될 수 없습니다. 오온과 '고'는 하나이지 별개의 두 가지가 아닙니다.

'고'란 무엇인가?

부처님은 자문자답하십니다.

오취온[8]이 바로 '고'라고 해야 할 것이니라.[9]

자, 이렇게 되니까 우리가 고성제를 위시한 사성제를 알자면, 인간을 구성하는 오온에 대해 분명한 관념을 갖지 않으면 안 된다는 점이 확실해졌습니다. 일상적 말로 우리는 흔히 '존재' 운운하지만, 궁극적 의미에서는 그와 같은 '존재'는 있지 않으며, 항상 변화하고 있는 정신·물리적 힘 또는 에너지의 발로가 있을 뿐입니다. 이들 힘 또는 에너지는 무더기[蘊]를 이루고 있으며, 우리가 존재라고 부르는 것은 끊임없이 변하고 있는 다섯 무더기의 결합체에 불과한 것입니다. 그러면 다섯 무더기란 어떤 것들인가요?

불교에 의하면 사람이라는 존재는 마음과 몸의 '정신·물리적[10] 결합체[名色 nāmarūpa]'입니다. 먼저 '마음'은 그 구성 요소를 네 개 그룹으로 분류할 수 있으니, 첫째, 느

---

8 [역주] 오취온五取蘊: 존재를 구성하는 다섯 가지 집착의 무더기인 색色·수受·상想·행行·식識

9 《상응부》Ⅲ권 158쪽.

10 [역주] '정신·물리적'이란 표현은 서구 심리학의 psycho-physical의 역어임. 육체와 정신 간의 유기적 상호관계를 강조하는 취지는 같지만 물리적 측정·실험에 의존하는 서구식 접근 방법까지 수용한 것은 물론 아니며, 단지 이 용어에 가탁하여 명색名色이란 개념의 유기적 성질을 설명하고 있을 뿐이다.

낌인 '수受', 둘째, 감각적 인상sense-impressions, 심상이나 관념 그리고 개념을 말하는 '상想', 셋째, 정신적 형성 또는 행동 지향적 관념과 그에 따르는 부수적 요소들을 말하는 '행行' 그리고 마지막으로 '식識'입니다. 사람에게 있는 비물리적 요소인 이들 네 개의 정신적 그룹을 한데 모아 마음[名]이라 합니다. 여기에 물리적 요소인 몸[色]을 합한 오온五蘊은 소위 하나의 개체를 이루어 사람이라는 존재로 나타나게 되는 것입니다.

불교도이건 아니건 간에 불교 심리학을 연구하다 보면 마음과 두뇌가 서로 별개인지에 대해 의문을 갖지 않을 수 없을 것입니다. 마음과 두뇌 간에 관계가 밀접한 것은 사실입니다. 정신활동은 뇌 전하腦 電荷[11]와 연관되어 있습니다. 그러나 마음은 조작할 수 있는 것이 아니며, 화학적 실험에 맡길 수도, 오관으로 판별할 수도 없습니다. 그것은 물리적 세계의 영역을 벗어나 있습니다. 우리는 마음

---

11 [역주] 뇌 전하: 뇌의 전기적 성질이 나타내는 현상. 인지심리학에 의하면 정보는 신경단위(뉴런)의 지속적으로 변화하는 전기화학적 활동으로 표상된다.

의 성격과 구조와 작용을 어느 정도 짐작할 수 있을 뿐입니다. 그러나 두뇌의 경우는 다릅니다. 두뇌의 위치와 구조와 작용을 설명할 수 있습니다.

마음이 외부의 영향을 전혀 안 받는 것은 아니지만 다른 요소의 지배하에 있지 않고 오히려 다른 요소의 주인입니다. 사람이 진리를 추구하고 사물의 내적인 의미를 파악해서 그 비밀과 의의意義를 알 수 있는 것도 바로 마음이 사물의 주인이기에 가능한 것입니다.

이 강연의 주제가 '불교의 심리학적 측면'이므로 이 자리에서는 몸, 즉 색온에 대한 자세한 논급은 피하겠습니다.

간단히 말하자면 물질에는 사대四大가 있으며 사람의 몸은 이 사대로 이루어져 있습니다. 전통적으로 사대는 견고성, 유동성, 열 또는 온도 그리고 운동 또는 진동으로 풀이합니다. 이런 맥락에서 보면, 사대는 통례적으로 말하는 단순한 지地, 수水, 화火, 풍風만은 아닙니다. 불교사상에서, 특히 아비담마의 가르침에서 사대는 그 이상의 것입니다. 아주 간략하게 말해 지*paṭhavī*, 즉 견고성은 팽

창의 요소입니다. 수_āpo_, 즉 유동성은 응집의 요소입니다. 화_tejo_는 열 또는 온기의 요소입니다. 풍_vāyo_은 운동, 움직임의 요소입니다. 대상에 따라 네 요소 간 정도의 차는 있지만 우리가 대하는 모든 물질적 대상은 사대로 이루어져 있습니다.

앞에서도 언급했듯이 네 가지 비물질적 요소, 사람의 모든 정신과 정서의 전개 과정은 마음이라는 말 속에 포함됩니다. 불교를 공부하는 분들은 마노_mano_, 찟따_citta_, 윈냐나_viññāṇa_라는 빠알리어가 친숙할 것입니다.

이 단어들은 때때로 이런 저런 맥락에서 마음으로 번역되지만, 좀 더 예민한 분은 이 가운데 '윈냐나'를 식識 consciousness 또는 인지식認知識 cognitive consciousness으로 번역할 것입니다. 영어의 '마인드mind'란 단어로는 윈냐나[識]뿐 아니라 마노[意]나 찟따[心]의 의미 역시 정확하게 전달하지 못합니다. 그러나 어떻든 이 세 단어가 유의어임

---

12 《상응부》 II권 94쪽

"비구들이여, 찟따라고 불리는 것은 또한 마노라고도 하고 윈냐나라고도 한다 _yaṃ ca kho bhikkhave vuccati cittam iti pi mano iti pi viññāṇaṃ._"

에는 틀림없습니다.[12]

그렇지만 문맥에 따라서 이 단어들은 제각각 뚜렷하고
도 특별한 용도를 가지고 있으며, 이렇듯 다양한 의미상
의 차이야말로 심리학으로서 불교의 면모를 과시하는 한
예라 할 수 있습니다. 특히 '윈냐나'라는 용어는 불교 심리
학에서는 한층 깊이 함축된 중요한 말입니다.

우선 서양에서는 마음을 어떻게 파악하는지 잠깐 훑어
보고 다시 이야기를 계속하도록 합시다. 서양 심리학에서
마음은 "의식적, 무의식적 및 내재 심리적인 심리 구조와
그 과정의 유기적 총체를 지칭하며, 심리학적이기보다 오
히려 철학적으로 이들 구조와 과정의 기반을 이루는 어떤
실재 또는 기체基體 substratum"[13]입니다.

철학[14]에서는 '마음'은 주로 두 가지 뜻에서 쓰입니다.

1) 개별적 마음은 지각하고, 기억하고, 상상하고, 느끼
   고, 착상하고, 추론하고, 의도하는 등의 자아 또는

---

13 《심리학 사전》 제임스 드레버.
14 《철학사전》 D. 룬즈 편.

주체이며 개인의 신체적 유기체와 기능적으로 연관
되어 있습니다.

2) 일반적으로 생각하면 마음은 모든 개인의 마음에
두루 있는 형이상학적 실체이며, 물체 또는 물질적
실체와 대조됩니다.

이제 우리는 마음이라는 정신적 부분을 구성하는 네
가지 무더기, 즉 수受·상想·행行·식識을 하나하나 검토해
보기로 합시다.

먼저 수온受蘊은 인상과 관념에 수반되는 느낌을 통틀
어 말하는 것입니다. 느낌에는 즐거운 것, 즐겁지 않은 것,
무덤덤한 것의 세 가지가 있습니다. 이 느낌들은 접촉에
의해 생겨납니다. 형상 또는 가시적 대상을 보거나 소리를
듣거나 냄새를 맡거나 맛을 보거나 만져지는 것에 닿거나
정신적 대상(관념 또는 생각)을 인식함으로 인해[緣] 사람은
느낌을 경험합니다.

이 여섯 가지 느낌은 각기 눈, 귀, 코, 혀, 몸, 마음을 통
해 경험됩니다(불교 심리학에서 감관으로서의 마음은 의근意根

으로서 제6의 감관으로 간주됩니다). 예를 들어 눈, 형상, 보는 식[眼識]이 모이면 이들의 만남을 촉觸이라 부릅니다.

촉은 감각기관, 감각대상, 감각 식識의 결합을 의미합니다. 이들이 모두 함께 있을 때 느낌이 일어나는 것은 필연적이며, 어떤 힘으로도 이를 막을 수는 없습니다.

다음은 상온想蘊입니다. 불교 심리학에서 상想의 기능은 물질이든 정신이든 간에 '대상을 지각sañjānana'하는 것입니다. 상도 수와 같이 여섯 가지입니다. 형상, 소리, 냄새, 맛, 신체적 접촉, 정신적 대상에 대한 지각입니다. 불교에서 말하는 지각은 베이컨, 데카르트, 스피노자, 라이프니츠 등 서양 철학자들이 사용한 지각과는 뜻이 다르며, 단순한 감각적 지각을 말합니다. 텔레파시나 천리안과 같은 초감각적 형태의 지각 역시 상온에 포함됩니다.

식의 기능인 알아차림vijānana과 상의 기능인 알아봄 sañjānana 사이에는 일종의 유연관계類緣關係가 있습니다. 식이 어떤 대상을 알아차리게 되면 거의 동시에 상은 그 대상의 특징적 표지標識를 찾아내어 다른 대상과 구별합니다. 이 남다른 표지는 우리가 어떤 대상을 두 번째, 세 번째 아니 실제로는 매번 알아차릴 때마다 그 대상을 알아보는 데 대단히 유용한 도구가 됩니다. 여기서 우리는 기억을 만드는 것이 역시 상想임을 알 수 있습니다.

상, 즉 지각이 때로 우리를 속이기도 한다는 사실을 주목할 필요가 있습니다. 그럴 경우의 상을 착각 또는 상전도想顛倒 *saññā vipallāsa*라 부릅니다. 우리 견해가 흐려지는 것은 사물의 진정한 본성을 올바로 바라보지 못하기 때문입니다. 우리의 선입견, 집착과 혐오, '좋아하고 싫어함 *anurodhavirodhaṃ*'[15] 때문에 우리는 감각 기관과 감각 대상을 있는 그대로의 객관적 성질대로 보지 못하게 되고, 그래서 신기루와 허상을 좇게 되는 것입니다. 감각 기관은 우리를 기만하고 오도합니다. 그러면 우리는 사물을 적절한 관점에서 올바른 모습대로 보지 못하고 사물을 보는 방식이 비뚤어지는[顛倒見 *viparīta dassana*] 것입니다. 올바른 이해[正見]만이 이런 환상을 제거하고 모든 드러난 모

---

15 《중부》 38경 〈갈애의 멸진에 대한 큰 경〉 I 권 266쪽.

습의 밑바탕에 깔려있는 진정한 본성을 인지하게끔 인간을 도와줍니다.

환각과 전도의 구름을 벗어날 때 인간은 검은 구름을 벗어나 밝게 빛나는 보름달 같이 참 지혜로 빛날 수 있습니다.

전도된 것이든 아니든 간에 일단 어떤 특정한 지각이 자주 일어나면 점점 강력해져서 우리의 마음을 사로잡습니다. 그렇게 되면 그 지각을 떨쳐버리기가 어려워지며 그 결과는 《숫따니빠아따》 847 게송이 잘 설명하고 있습니다.

감각적 지각에서 벗어난 사람
그에게는 더 이상 굴레가 없다.
지혜로 해탈을 성취한 사람
모든 미망이 그에게서 사라진다.
그러나 감각적 지각에
또 삿되고 그릇된 관점에 집착하는 사람
그는 이 세상을 아옹다옹 다투며 산다.

상想 다음이 행온行蘊입니다. 행, 즉 상카아라*saṅkhāra*는 쓰이는 곳에 따라 의미가 다양해서 딱히 영어 단어 하나로 대체하기가 매우 어렵습니다. 오온에서 거론될 때는 '의지적 형성력'이란 뜻으로 새기는 것이 일반적입니다. 다른 문맥에서는 '조건지어지고 복합된 것'을 뜻합니다.

'모든 상카아라는 무상하다[諸行無常].'고 말할 때 상카아라는 모든 복합되고 조건지어진 것, 즉 원인과 조건의 영향으로 존재하게 되고 다시 그 스스로가 원인과 조건으로 작용하여 또 다른 결과를 일으키고 있는 그 모든 것을 일컫는 말입니다.

행온에는 앞에서 설명한 수受와 상想을 제외한 모든 정신적 요소가 포함됩니다. 아비담마에서는 52개의 정신적 요소*cetasika*를 들고 있습니다.

수와 상도 그 중의 2개이지만 이들은 의지적 형성력이 아닙니다. 나머지 50개가 정신적 또는 의지적 형성력인 상카아라로 알려져 있습니다. 의지는 정신영역에서 결정적 역할을 하며, 이에 대해서는 업의 심리학을 다룰 때 자세히 말하겠습니다.

식온識蘊은 사람을 구성하는 오온 가운데 가장 중요합니다. 그럼 식의 기능은 무엇일까요? 수, 상, 행과 같이 식역시 형태가 여섯 가지이며 그 기능도 각기 다릅니다. 각기능은 독자적인 기반과 대상을 가지고 수행됩니다.

우리의 모든 느낌[受]은 감각 기관[根][16]과 외부 세계와의 접촉을 통해 경험됩니다. 정신적 대상을 인지하는 마음이라는 기관[意根]은 외부 세계를 인지하는 다른 다섯기관처럼 만져볼 수 있고 인식할 수 있는 것이 아닙니다. 눈은 색의 세계 또는 가시적 대상을, 귀는 가청음을, 등등을 각기 인지합니다. 그러나 마음은 관념과 생각의 세계를 인지하는 것입니다. 마음이 생각이나 관념의 세계에 도달하면 마음이라는 기관은 단순한 기능적 역할에 그치지 않고 정신 영역의 지배자가 됩니다. 이에 반해 눈은 가시적 형상, 즉 색깔의 세계를 보는 수단에 그칠 뿐이고 그색깔에 대해 어떤 생각을 하거나 관념을 구성하지는 못하

---

16 [역주] 근根은 *indriya*의 역어로서 기관, 기능, 능력 등의 뜻을 모두 지니고 있음. 영역은 faculty임.

는 것입니다.

식識의 기능을 이해하는 것이야말로 대단히 중요합니다. 근과 대상 간에, 가령 눈과 형상, 귀와 소리 등등의 사이에 기능적으로 관련이 있긴 하지만 대상을 알아차리는 것은 어디까지나 식을 통해서 입니다. 다른 말로 하자면 해당 식識이 없이는 아무리 감수성이 민감할 지라도 어떤 대상도 경험하지 못하고 만다는 얘깁니다. 이 세 가지, 즉 눈과 형상과 안식眼識이 모여야만 촉觸이 이루어지는 것입니다. 촉에서 수受가 오고, 수에서 애愛가 오고, 이런 식으로 연기법[17]에서 설하는 순서가 진행되는 것입니다.

주의할 점은, 식이 감각 기관과 그 대상의 상호작용을 통해 생기生起한다는 말은 결코 식이 순전한 물질인 감각 기관과 대상에 의해 만들어진다는 뜻은 아니란 사실

---

17 《연기》 삐야닷시 스님 지음, Wheels No.15(BPS) 참조.
[역주] 삐야닷시 스님 지음, 법륜·스물둘 《연기》, 〈고요한소리〉 참조.
프란시스 스토리 지음, 법륜·열다섯 《사성제》중 집성제 장章, 〈고요한소리〉 참조.

입니다. 만일 그렇다면, 식은 단순히 물질의 부산물에 불과하다고 믿는 유물론자의 이론에 동의하는 셈이 될 것입니다. 식의 기능은 대상을 알아차리는 것입니다. 사람 눈이 가시적 대상과 마주치더라도 알아차림이 없다면 우리는 그 대상을 의식하지 못하고 맙니다. 식 역시 조건지어진 것이며 그래서 변하게 마련입니다. 따라서 식은 물질과 대립하는 정신 또는 영혼이 아니고 물질의 소산인 투사도 아닙니다.

식의 개념은 부처님의 가르침에서 대단히 중요한 위치에 있지만 식의 모든 측면을 연구하거나 이해하는 사람은 많지 않습니다. 어쩌면 가장 이해되지 못하고 있는지도 모릅니다. 대다수 사람들은 식을 오온의 하나로, 감각 대상을 알아차리는 것 정도로 이해하고 말 뿐, 식에 대한 깊은 해석, 그것이 안고 있는 보다 넓은 면모들은 간과하고 있는 것입니다. 식의 개념을 윤회설의 측면에서 검토해보면 존재형성[再有] 과정에서 식이 얼마나 중요한 역할을 하는지 단번에 깨닫게 될 것입니다.

이 사실은 연기법 속에 분명하게 드러나고 있습니다. '행에 연하여 식이 있다*sankhāra paccayā viññānam.*' 즉 전생의 선·악 행위 또는 업業 *sankhāra*이 금생의 의식 생활을 조건지운다는 대목이 바로 그것입니다. 따라서 식은 지금 현재의 존재와 관계있는 최초의 요인*nidāna* 또는 현재의 존재를 조건지우는 최초의 고리인 것입니다.

이와 같이 식이 하나의 단일 존재[有 *bhava*]에 귀속하는 의식의 흐름*viññānasota* 중 최초의 것이기에 보통 재연결식 또는 재생식再生識 *patisandhi viññāna*이라 부르기도 합니다. 이에 반해 상카아라는 업이라는 형태로 재생을 일으키는 원동력 구실을 합니다.

우리는 '상카아라'와 '윈냐나'라는 두 정신적 요소가 벌이는 역동적인 작용의 중요성을 깊이 이해해야 합니다. 상카아라는 업을 의미하는 바, 몸과 말과 마음으로 짓는 일체의 행위, 선한 행위와 악한 행위가 업이며 이 행위들이 불러일으키는 반응이 재생의 동기가 됩니다. 따라서 행은, 다음 생에서 새 인격을 좌우하는 바로 그 부분의 식을 결정짓고 있는 것입니다.

여기서 우리가 생生이라 부르는 것은, 이미 언급한 오온이 기능하고 있음을 말하며, 달리 표현하면 에너지나 힘에 불과한 명과 색[名色]이 기능하고 있음을 말합니다. 이들 에너지 또는 힘은 어느 한 순간도 그대로일 수 없습니다. 쉬지 않고 변합니다. 그렇기 때문에 명과 색이 끊임없이 합류하는 그 속에 항구적인 것이라고는 아무것도 찾아볼 수가 없습니다.

예를 들어 장성한 남자는 소년 시절의 그 사람이 아니며, 그렇다고 생판 딴 사람도 아닙니다. 단지 밀접한 연속상태라는 관계성만이 있을 뿐입니다. 마음과 몸의 또는 정신적 에너지와 물리적 에너지[名色]의 합류 현상은 죽음으로써 사라지는 것이 아닙니다. 왜냐하면 어떤 힘이나 에너지도 결코 없어지지 않기 때문입니다. 다만 변화를 겪는 것입니다. 합류현상은 새로운 조건 속에서 다시 자리 잡고 다시 모습을 갖추는 것입니다. 이것을 재생, 재존再存 또는 재유再有라 부릅니다.

업의 전개[業有]란, 끊임없는 연속선상에서 미래의 생을 조건지어나가는 현생의 에너지를 말합니다. 이 전개 과정에서 한 생에서 다음 생으로 건너가는 또는 전생轉生하는 것은 '아무것'도 없습니다. 중단 없이 지속되는 운동일 뿐입니다. 여기를 떠나 딴 곳에 태어나는 '존재'란 같은 사람도 아니고 그렇다고 전연 다른 사람도 아닌 것입니다*na ca so, na ca añño.*[18]

바로 앞의 전생에 속하는 최후 순간의 식[死識 또는 死心]이 있습니다. 그 식이 사라지면 곧바로 그 식에 의해서 조건지어진 금생의 첫 순간의 식이 생깁니다. 이 식을 재연결식 또는 재생식*paṭisandhi viññāṇa*이라 부르는데, 새로이 시작된 개체의 정신생활의 첫 움직임인 셈이지요. 마찬가지로 금생의 마지막 심찰나心刹那가 내생의 최초 심찰나를 조건짓습니다. 이와 같은 방식으로 식은 존재에 들어왔다가 새로운 식에 자리를 내주고 사라집니다. 이처럼 식의 흐름은 끊임없이 지속하다가 마침내 존재를 야기하는 근본 원인이 근절되어 존재가 끝나게 될 때에야 비로소 멈추는 것입니다. 여기서 말하는 근본 원인이란 두말할 것 없이 탐·진·치의 삼독심을 말합니다. 어찌 보면 존재란 살

---

18 《밀린다왕문경》 PTS본 40쪽.

려는 의지로서의 식 그 자체입니다.

재생식을 가리키는 빠알리어 '빠띠산디 윈냐나*paṭisandhi viññāṇa*'는 아비담마[論藏]에만 나오는 용어로서, 그 자세한 풀이도 아비담마에 대한 주석서와 연구서에서만 찾아볼 수 있습니다. '빠띠산디'는 문자 그대로 재연결, 재결합, 재회를 뜻합니다. 그 식識은 한 존재를 후속 존재에 연결시키는 노력을 하기 때문에 재결합식이라 불리는 것입니다. 재생식은 재생 시에 존재하는 이숙식異熟識[19]입니다. 다시 말하면 재생 순간에 이것이 있기 때문에 새 존재는 바로 앞의 존재와 연관을 가지며, 이로 인해 그 개체의 과거 전체와 맺어지는 것입니다. 이숙식은 그 전에 있던, 재생을 일으키는 정신적 요인인 상카아라, 즉 의지적 형성력 또는 업에 기인한 것입니다.

아비담마에 나오는 재생식이라는 용어에 상응하는 말

---

19 [역주] 이숙식異熟識 *vipāka viññāṇa*: 선·악의 인因이 시간이나 세대를 뛰어넘어 과를 숙성시킨다는 뜻에서 이숙이며, 과거의 업이 초래한 결과로서의 식이란 뜻에서 이숙식이다.

을 경장에서도 찾아볼 수 있다는 사실은 관심을 끄는 일이 아닐 수 없습니다. 《중부中部》의 106경 〈부동심에 이르는 길 경Āneñjasappāya Sutta〉에서는 이숙식을 '진행식 saṃvattanikaṃ viññāṇaṃ'으로, 한 생에서 다음 생으로 이숙하며 나아가는 것으로 언급하고 있습니다. 다음 생으로 진화하는 식인 것입니다. 그러나 이러한 식도 불변의 존재가 아니란 점을 주목해야 합니다. 식에 의지하여 명색 nāmarūpa, 즉 정신·물리적 존재가 일어납니다. 식은 또 한편으로는 명색에 의해 조건지어집니다.[20]

이렇듯 식과 명색은 상호 의존적이며, 그들이 함께 새로운 존재를 이룹니다.

《장부長部》의 〈대연경大緣經〉(15경)에 보면 부처님이 시자인 장로 아아난다에게 법문하시다가 이렇게 질문하는 대목이 나옵니다.

---

20 《상응부》II권 104쪽 "명색을 조건으로 하여 식이 있고 식을 조건으로 하여 명색이 있다nāma-rūpa paccayā viññāṇaṃ, viññāṇa paccayā nāma-rūpaṃ."

식이 모태에 들지 않거나 모태에 들었다가 떠나버려도 명색
이 발육, 성장할 수 있겠는가.

아아난다 장로는 부정적 대답을 드립니다.

세존이시여, 태아의 발육은 이루어지지 않을 것입니다.

부처님은 옳다고 인정하십니다.

현대 생물학에 의하면 '새로운 인간의 생은 아버지의
정자가 모태에서 난자와 합쳐지는 기적 같은 순간에 시작
된다.'고 합니다. 이것이 탄생의 순간입니다. 과학은 이처
럼 물리적 요인만 말합니다. 그러나 불교는 순전히 정신적
인 제삼의 요인도 말합니다.

《중부》38경 〈갈애의 멸진에 이르는 큰 경 *Mahātaṇ-
hāsaṅkhaya Sutta*〉이 지적하듯이, 존재의 잉태는 세 가지 요
인의 동시 발생에 의해서 실현됩니다. 아버지와 어머니가
결합하고, 어머니가 수태기에 있고, 간답바 *gandhabba*가

있을 때 비로소 생명의 씨앗이 심어집니다.

제삼의 요인 간답바는 식 또는 연결식이나 진행식을 가리킵니다. 주석가 붓다고사에 따르면 간답바는 '자궁에 들어가려 하고 있는*paccupaṭṭhito hoti* 존재'를 의미합니다. 무슨 말인가 하면, 바야흐로 그 상황에서 태어나려는 존재, 즉 유정有情이 업이라는 역학적 구조에 의해서 내몰리고 있다는 얘깁니다. 분명히 이해하고 넘어가야 할 점은, 이 간답바는 '아기의 수태를 주재하는 유사신類似神'[21]도 아니고 베다 산스끄리뜨의 간다르와*gandharva*가 암시하듯 '육체를 갖지 않은 정령'도 아니란 점입니다. 초기 경전을 보면 한 생에서 다음 생으로 넘어가는 어떤 정령이나 영혼도, 아我와 같은 실체도 존재하지 않는다는 것을 분명히 알 수 있습니다. 사후에 한 개체의 재생을 가져오는 것은 상카아라 또는 업의 형성력에 의해 조건지어진 식識인 것입니다.

---

21 《빠알리-영어 사전》(PTS) 'gandhabba' 단어 풀이 중에서.

존재 또는 개체의 재생을 결정하는 정신적 요인인 식은 자아나 영혼이나 아我와 같은 실체의 형태로 항존恒存하는 것이 아닙니다. 식 역시 조건지어지고, 변화에 복종합니다. 부처님 재세 시에도 항구 불변하는 자아나 영혼이라는 형태의 식이, 인간 속에 내재하여 일생을 지속하고 죽음이 오면 한 생에서 다른 생으로 전생하여 삶을 함께 묶는 것으로 많은 사람들이 생각했고, 지금도 많은 사람들이 그렇게 생각하고 있습니다. 부처님 재세 시의 일부 형이상학자들은 '심心이나 의意나 식識이라 불릴 어떤 것이 있다면 그것은 항구하고 일정하고 영구하고 불변하는 영혼을 말한다.'[22]라는 견해를 지니고 있었습니다.

《중부》38경에서 우리는 생생한 예를 찾아볼 수 있습니다. 부처님의 직계 제자 가운데 사아띠라는 사람도 다음과 같은 견해를 가지고 있었습니다.

---

22 《장부》1경 〈범망경〉 I 권 21쪽.

부처님께서 가르치시는 법을 내가 이해하기로는, 계속 운항하며 지속하는 것, 생을 전전하며 거듭 태어나고 있는 것은 동일한 식識이다.

사아띠가 자신의 견해를 드러내자 부처님께서 물었습니다.

사아띠여, 네가 말하는 그 식이란 무엇이냐?

그것은 표현하고, 느끼고, 선하거나 불선한 행위의 결과를 때론 여기서, 때론 저기서 경험하는 것입니다.

그러나 부처님께서는 조건을 떠나서는 어떤 식도 생겨날 수 없다는 것을, 식은 조건에 의지하여 생기한다는 것을 설명해 그의 그릇된 믿음을 고쳐 주셨던 것입니다.

사아띠는 동일한 식이 표현자로서 또 경험자로서 지속된다고 말하여 식을 모든 정신적 활동의 배후에 있는 행위의 주체로 보았기 때문에 오류를 범했던 것입니다.

자, 이렇게 해서 식은, 의식의 흐름*viññāṇa sota*[23]으로 표현된 바와 같이, 결코 존재의 순환을 줄곧 같은 상태로 부서지지 않고 지속하는, 변함없이 상주하는 어떤 단일체가 아니란 점이 충분히 논급되었을 것입니다. 식 역시 조건지어지며 또 그렇기 때문에 항구하지 않습니다.

의식의 흐름은 사아띠의 생각과 달리 한 생에서 다른 생으로 전전하지 않습니다.

미국의 저명한 심리학자 윌리엄 제임스가 의식을 언급하여 다음과 같이 쓰고 있는 것은 꼭 부처님의 말씀을 되뇌고 있는 것 같습니다.

그것은 끊어진 마디마디가 연결된 것이 아니다. 그것은 흐른다. 그것을 가장 자연스럽게 묘사하려면 '강'이나 '개울'이라는 비유가 적절할 것이다. ······ **우리는 그것을 생각의 흐름, 의식의 흐름 또는 주관적 삶의 흐름이라고 부르기로 하자.**[24]

(고딕체는 제임스가 강조한 부분임)

---

23 《장부》Ⅲ권 105쪽. 《숫따니빠아따》1055 게송.

24 《심리학 *Psychology: The Briefer Course*》 '의식의 흐름' 장章 참조.

여기서 잠깐 불교 심리학이 말하는 봐왕가*bhavaṅga*에 관해 몇 마디 언급하고 넘어가야 공평할 것 같습니다.

봐왕가 찟따*bhavaṅga citta* 또는 봐왕가 소따*bhavaṅga sota*는 사람의 정신생활에서 중요한 역할을 하기 때문입니다.

현대 심리학은 마음의 세 가지 수준을 설정하고 있습니다. 의식·잠재의식·무의식의 셋입니다. 의식의 수준이란 알아차림의 수준을 말합니다. 잠에서 깨어 살아가고 있는 동안 의식 수준은 마음의 다섯 감각 기관으로 알려진 다섯 통로를 통해 줄곧 작용합니다.

마음의 잠재의식층은 우리가 언제든지 생각해 낼 수 있는 그런 기억을 담고 있는 영역입니다. 의식층의 바로 아래에 있는 이 정신 생활의 잠재의식 수준은 마음대로 의식 속에 떠올릴 수 있는 기억의 저장소라고 말하고 있습니다.

무의식 수준은 마음대로 기억해 낼 수 없는 과거의 모든 경험 내용을 저장하는 창고입니다. 그러나 이것도 때때로

외부의 자극이 없는 가운데 스스로 의식수준에 떠오르거
나 최면 같은 특별한 방법에 의해 떠오를 수도 있습니다.

지그문트 프로이트는 정신분열을 일으키는 정신적 원
인의 창고로서 무의식의 마음에 특히 깊은 관심을 기울였
습니다. 그는 《일상생활의 정신병리학》이란 책에서 무의
식적 활동의 예를 무수히 들고 있습니다. 일부 국내(스리랑
카) 학자들이 봐왕가 찟따를 잠재의식 또는 무의식과 동
일하게 보고 있지만 저는 완전히 일치한다고는 보지 않습
니다.

불교 심리학에서는 그런 수준의 식識은 존재하지 않
습니다. 아비담마에서는 두 가지 형태의 마음, 위티찟따
vīthicitta [路心]와 봐왕가 찟따[有分心]를 말합니다.

위티찟따는 의식수준에서만 일어나는 사유 과정으로
깨어 있을 동안 다섯 감각 기관을 통해 작용합니다. 봐왕
가 찟따는 깨어 있을 때나 꿈이 없는 깊은 숙면 상태에서
나 똑같이 작용하며 따라서 의식수준의 밑면에서 기능한
다고 말할 수 있습니다. 또한 서구의 개념과 전적으로 궤
를 같이하지는 않는, 일종의 잠재의식 또는 무의식이라 할

수도 있습니다. 그러나 서구의 잠재의식적 또는 무의식적 마음이란 개념의 전 범위를 포괄하지는 않습니다.

봐와*bhava*(생성과정 또는 존재)와 앙가*aṅga*('요소'의 뜻 보다는 오히려 '원인' 또는 '도우는 것'을 뜻함)의 합성어인 바왕가*bhavaṅga* 有分는 존재의 지속을 위해 불가결한 조건입니다. 이 빠알리어에 가장 가까운 영어는 생명-연속 life-continuum 정도가 아닐까 합니다. 봐왕가 찟따가 존재하는 까닭으로 식의 흐름이 중단되지 않고 계속 흐를 수 있는 것입니다.

만약 여기에 태어난 현재의 생이 맨 처음 시작되는 삶이고 죽음이 삶의 진정한 끝이라면 인생사를 두고 골머리 썩일 필요는 없을 것이고, 따라서 둑카[苦]의 문제, 즉 모든 경험적 실존의 불만족성의 문제를 심리학적 관점에서 이해하고자 애쓸 필요도 없을 것입니다. 우주에 존재하는 도덕적 질서, 옳고 그름의 진실성은 우리에게 아무런 실질적 의미도 지니지 못할 것입니다. 어떤 대가를 치르고서라도 감각적으로 즐기고 충족시키면 이 짧은 인생을 똑똑하게 사는 것이라 생각할 것입니다. 하지만 이런 관점은 사람들이 왜 똑같지 못한지 그 까닭을 해명해 주지 못합니다. 탐구심이 있는 사람이면 언제나 이 불평등성의 원인을 찾으려 애쓸 것입니다.

심리학적인 관점에서 꼭 연구하지 않으면 안 될 부처님의 주요한 가르침이 두 가지 있습니다. '업'과 '다시 태어남'입니다. 업은 존재의 운명을 모양지우고, 다시 태어남을 초래하는 도덕적 인과율입니다. 근본적으로 그것은 의지[cetanā 思]의 작용, 의지가 촉발하는 행동입니다.

부처님은 말씀하십니다.

비구들이여, 의지의 작용이 업임을 나는 천명하노라. 의지를 지녔기에 사람은 행위, 말, 생각으로 행동하는 것이니라.[25]

즉, 의지의 작용은 선이든 악이든 우리의 모든 활동을

---

25 《증지부》 III권 415쪽.

결정짓는 요소입니다. 업은 작용이자 씨앗입니다. 업이 초래하는 반작용, 결과 또는 결실은 업보라고 합니다.

의지 작용은 좋을 수도 있고 나쁠 수도 있으며 의지작용이 빚는 행동은 그것이 초래하는 결과에 따라서 선업도 되고 악업도 됩니다. 작용과 반작용, 원인과 결과, 씨와 열매의 이 끝없는 놀음이 영속 운동으로 지속하며, 이것이 바로 생성[bhava 有]입니다. 이는 앞에서 논했듯이 존재라는 정신·물리적 현상의 끊임없는 변천 과정입니다.

사람은 몸과 말 그리고 마음을 통해 행동합니다. 행동, 즉 작용은 반작용을 초래합니다. 갈애tanhā, 우리의 갈망은 역시 마음의 한 요소인데 행위를 생기게 하고, 행위는 결과를 낳습니다. 다시 결과는 새로운 욕구, 새로운 갈애, 갈망을 가져옵니다.

원인과 결과, 작용과 반작용의 전개는 자연의 법칙입니다. 그 자체로 법이기 때문에 법을 제정하는 자는 따로 필요하지 않습니다. 사람의 선악 행위를 상벌할 외부적 힘은 불교 사상에서는 설 자리가 없습니다.

사람은 항상 좋은 쪽으로든 나쁜 쪽으로든 변하고 있습니다. 변화 자체는 피할 수 없지만 변화의 방향만은 자기 자신의 의지와 행동이 전적으로 좌우할 수 있습니다. 이는 저 보편적 자연법인 에너지 보존의 법칙이 도덕의 영역에도 적용된 것일 뿐입니다.

심리학의 관점에서 보면 불교가 회개에 의한 죄의 사면赦免이라는 관념을 수용하지 않는다는 것을 알 수 있습니다. 그와 같은 관념은 자신을 위해서나 남들을 위해서나 결코 유익하지 않습니다. 불교에서는 잘못된 행동을 탓하되 이를 '죄'로 간주하지는 않습니다. '죄'란 말부터가 부처님의 가르침과는 동떨어진 것입니다. 부처님은 중생의 잘못을 벌하고 선행을 상 주는 법 제정자도, 중재자도, 권력자도 아니기 때문에 '부처의 법에 위반됨'과 같은 것은 애당초 있지도 않습니다. 어디까지나 행위를 한 자가 자신의 행동에 책임을 져야 하는 것입니다. 행위의 결과로 고통을 맛보거나 즐거움을 누리는 것은 어디까지나 그 자신의 일입니다. 따라서 선을 행하든 악을 행하든 그것도 그 자신이 알아서 할 일인 것입니다.

한 가지 더 언급해 둘 것은, 선이든 악이든 모든 행동은 반드시 과보를 초래할 만큼 성숙되는 것은 아니란 점입니다. 자신의 선업이 악업을 눌러 버릴 수가 있으며 그 반대의 경우도 물론 있습니다.

우리는 또한 불교에서 말하는 업의 교의가 숙명론이 아니란 점 그리고 인간의 행동은 자유롭지 못하며 의지에 작용하는 외부적 힘과 같은 동기에 의해 필연적으로 결정되거나 신에 의해 미리 예정된 것이라는 취지의 철학적 교의가 아니란 점을 알아야 합니다. 부처님은 모든 것이 다시는 변경될 수 없게 고정되어 있다는 이론, 모든 것을 피할 수 없는 필연의 소산이라는 이른바 '엄격한 결정론niyatavāda'에 동의하지 않으셨으며 '완전한 비결정론adhiccasamuppanna 無因生'을 지지하지도 않으셨습니다.

불교에 따르면 업 또는 의지적 행동에 의존하지 않는 생은 태어나기 전이나 죽은 후에도 존재할 수 없습니다. 업은 재생의 당연한 결과이며, 한편으로는 재생 역시 업의 당연한 결과입니다. 태어남은 죽음에 선행하고 다시 죽음은 태어남에 선행합니다. 그래서 이 한 쌍은 서로 앞서거니 뒤서거니 하면서 중단 없이 연속해 갑니다. 그런데도 한 생에서 다음 생으로 옮아가는 영속적 자아나 영혼 또는 고정된 실체는 없습니다. 사람은 마음과 물질이라는 정신·물리적 단위로 이루어져 있지만, 그 정신이나 마음은 결코 지속하는 실체, 미리 만들어 놓은 영구적인 어떤 것을 뜻하는 영혼 또는 자아가 아닙니다. 그것은 금생의 기억뿐 아니라 여러 과거생의 기억마저도 능히 축적할 수 있는 어떤 힘, 일종의 역학적 연속체인 것입니다.

오늘날 과학자에게 '물질'은 긴장 상태에 있는 에너지이며, 실질적 내용이 없는 변화 그 자체입니다. 심리학자에게 '정신'은 더 이상 고정된 실체가 아닙니다. 부처님께서 이른바 '존재'니 '개인'이니 하는 것은 단지 물리적·정신적 힘이나 에너지의 결합에 불과하며, 지속성을 띤 변화라고 역설하셨을 때 그분은 현대 과학과 심리학을 2천 5백 년이나 앞지르고 계신 것이 아니겠습니까?

개체란 이처럼 존재로 일어났다가 사라지며, 한 순간에

서 곧바로 이어지는 다음 순간에도 같은 모습으로 있지 않고 다른 무엇으로 계속해서 변화하는 존재입니다. 이 정신·물리적 유기체는 비록 그와 같이 부단한 변화를 겪지만 매 순간 새로운 정신·물리적 과정을 창출합니다. 그렇게 함으로써 유기적 진행을 미래에도 계속해 나아갈 수 있도록 가능성을 보존할 뿐 아니라 한 순간과 다음 순간 사이에 틈이 생기지 않도록 만듭니다. 우리는 일생동안 매 순간마다 이처럼 살고 죽기를 계속하고 있는 것입니다. 바다의 파도와 마찬가지로 단순히 일어났다 사라질 뿐입니다.

우리가 지금 특권처럼 여기고 있는 삶이라는 지속적 변화 과정은 죽음으로써 끝나지 않습니다. 마음은 그 유동流動을 끊임없이 지속합니다. 우리가 업력이라 부르는 것은 바로 마음의 역동적 흐름입니다. 그 강력한 힘, 그 살겠다는 의지력이 계속 우리를 살아가게 합니다. 따라서 이 영속적인 식識의 흐름은 끝없이 계속되며, 수만 개의 얼굴을 가진 '갈애'가 우리의 그 모든 정신 나간 짓 중에서도 가장 큰 번뇌인 무명無明 *avijjā*과 짝지어 식識을 발동시키는 한, 끝나지 않는 것입니다.

온갖 형태의 욕망이 갈애*taṇhā*에 포함됩니다. 재유再有의 인因인 탐욕·갈망·색욕·격정·동경·열망·의향·애모·가족사랑 등등 갈애를 나타내는 말들은 얼마든지 많은데, 부처님 말씀으로는, 이 갈애들이 바로 '우리를 존재형성[有]으로 끌어들이는 요인*bhavanetti* '이라는 것입니다.

이러한 요인은 고통·좌절·갈등·괴로운 흥분상태·불만족과 같은 둑카[苦]로서 그 모습을 드러내는데 우리 자신이 늘 겪고 있는 것들입니다.

존재들은 소유나 욕망 충족에 대한 강렬한 갈구로 인해 생존이라는 운명의 수레바퀴에 묶이고, 그러고는 고뇌라는 바큇살 사이에서 비틀리고 찢겨서 궁극의 해탈에 이르는 문을 단단히 닫아 걸어버리고 마는 것입니다.

욕망이야말로 온 세상의 적이니, 생명을 가진 존재들은 모두 이 욕망을 통해서 악과 인연을 맺기 때문입니다. 이 욕망은 비단 감관적 쾌락이나 부귀영화에서 오는 즐거움 또 남을 거꾸러뜨리고 남의 나라를 정복하는 쾌감 따위의 탐욕과 집착뿐만 아니라 관념, 견해, 의견, 신조 등에 대한 집착[法執]도 포함하며, 이런 집착이 한 국가뿐만 아니라 전 세계를 재난과 파멸로 이끌어 이루 말할 수 없는 고통을 안겨다주는 경우가 많습니다.

인간의 갈애*taṇhā*에는 세 가지가 있는데, 마음은 이 세 갈애의 영향을 받아 행동하도록 재촉을 받습니다. 대상에 대한 갈애가 감각적 즐거움과 연결될 때 이를 감관적 갈애*kāmataṇhā*라 합니다. 그것이 개인 존재의 영원성에 대한 믿음과 결합할 때 이를 존재에 대한 갈애, 유有에 대한 갈애*bhavataṇhā*라 합니다. 이는 지속하려는 욕구, 영원히 존속하려는 자기 보존의 욕구입니다. 또 갈애가 자아 소멸에 대한 믿음과 결합할 때 이를 무유無有에 대한 갈애, 멸진에 대한 갈애*vibhavataṇhā*라 합니다. 이 세 가지 딴하, 갈애는 프로이트의 에로스, 리비도, 타나토스의 개념[26]과 대비해 볼 수 있습니다.

---

26 [역주]
· 에로스eros: 성의 본능. 리비도에 유래하는 성적 쾌락과 자기 보존을 목적으로 하는 본능
· 리비도libido: 프로이트의 개념으로는 성 본능의 에너지
· 타나토스thanatos: 사死의 본능. 생명 활동을 원시적인 사死, 무無의 상태에 복귀시키려는 근본적인 충동

불교에 의하면 마음을 더럽히는 것[染]이 많지만 그 중에서도 모든 악의 근본 원인이 되는 것은 욕망 또는 탐착[貪 lobha], 증오 또는 악의[瞋 dosa], 미혹 또는 무지[癡 moha]의 삼독입니다. 이 셋은 사람을 행동하게끔 하는 원동력이 됩니다. 이들 오염원으로 인한 행동은 존재를 계속 다시 태어나게 합니다.

경에도 "탐·진·치를 여의지 않고는 태어남을 면할 수 없다."[27]고 말하고 있습니다. 이 삼독을 말끔히 지우면 존재의 반복, 즉 윤회의 족쇄를 벗어버리게 됩니다. 말 그대로 완전히 자유로워지는 것입니다. 그는 이제 그를 다시 생존체로 태어나게 만들 어떤 요인도 더 이상 가지고 있지 않습니다. 그는 생성 과정의 완전한 종식bhava nirodha인 열반을 이루었기 때문입니다. 그는 평범한 세속적 활동을 초월하였으며, 아직 세상에 살고는 있지만 이미 세상을 넘어선 경지에 들어선 것입니다. 이제 그가 하는 행동은 어떤 결과를 가져오지 않습니다. 즉, 업으로 작용하지 않는 것입니다. 이는 그의 행동이 삼독심에 의해 촉발된 것이

---

27 《증지부》 I 권 51쪽.

아니기 때문입니다. 그는 모든 악을, 마음을 더럽히는 온갖 것들을 여의었습니다. 그에게는 동기를 유발하는 심층적 경향성[使 *anusaya*]이 없습니다. 그는 선도 악도 다 버렸습니다*puñña pāpa pahīna*.[28]

그는 과거도 미래도 심지어 현재에 대해서도 개의치 않습니다. 세상사 어떤 일에도 연연하지 않으며, 그렇기 때문에 어떤 일도 그에게는 문젯거리가 될 수 없습니다. 그는 삶의 영고성쇠 앞에 동요하지 않습니다. 이 세상에 있을 수 있는 그 어떤 사건도 그의 마음을 흔들어 놓을 수 없습니다. 그는 근심이 없으며, 때 묻지 않으며, 안전합니다*asokaṃ, virajaṃ, khemaṃ*.[29] 이렇듯 열반은 바로 이 삶 속에서 실현될 수 있는 어떤 '경지'인 것입니다*diṭṭha-dhamma-nibbāna*. 깊이 생각하는 사람, 탐구심이 있는 사람이라면 별로 힘들이지 않고도 이런 상태를 이해할 것이며, 이런 경지야말로 아라한에게서만 찾아볼 수 있을 뿐, 이 세상

---

28 《법구경》 39 게송
29 《숫따니빠아따》〈길상경〉 268 게송.

이나 저 천상락 세상의 그 어떤 존재들도 이런 경지를 구현하지 못한다는 것을 알아차릴 것입니다.

부처님께서는 다음과 같이 분명하게 지적하고 계십니다.

불선법不善法**이며, 불선법과 관계있고, 불선법에 속하는 것은 어떤 것이든 모두 마음에서 나온 것이다**(빠알리 원문대로 하면 마음이 그 모든 것에 선행한다*manopubbaṅgamā*). **선법**善法**이며, 선법과 관계있고, 선법에 속하는 것은 어떤 것이든 모두 마음에서 나온다.**[30]

따라서 사람의 마음이 어떻게 작용하고, 생각은 어떻게 일어나고 사라지는지 알아보기 위해 자신의 마음을 면밀히 점검할 필요가 있습니다. 지그문트 프로이트가 말하듯 '심리적 변화는 매우 서서히 전개됩니다. 만일 변화가 빠르고 급작스럽게 일어나면 이는 나쁜 징조입니다.' 좋은 생각은 좋은 생각인 줄 알고 나쁜 생각은 나쁜 생각인 줄

---

30 《증지부》 I 권 11쪽.

알면서, 아직 일어나지 않은 나쁜 생각은 그것의 일어남을 방지하기 위해, 이미 일어난 나쁜 생각은 버리기 위해, 아직 일어나지 않은 좋은 생각은 일으키고 발전시키기 위해, 이미 일어난 좋은 생각은 지속시키기 위해 어떤 시도가 있지 않으면 안 될 것입니다. 그것이 바로 바른 노력[正精進]의 기능으로서, 막고, 버리고, 키우고, 유지하는 *saṃvara, pahāna, bhāvanā, anurakkhana* 마음속의 행동입니다.[31]

이처럼 불교에서는 윤리마저도 심리학의 관점에서 연구합니다. 부처님께서 올바른 정진을 이처럼 역설하셨다는 사실이 바로 불교가 비관주의 철학이 아니라는 점, 사물을 될 수 있는 대로 불리한 관점에서 보려드는 심약한 이들을 위한 가르침이 아니라는 점, 불교야말로 진정한 대장부의 종교라는 점을 의심할 여지가 없도록 명백하게 밝혀주고 있는 것입니다.

우리를 유혹해서 노예 상태로 묶어두려는 것들을 끊어버리기가 참으로 어렵고, 불건전한 생각의 모습으로 인간

---

31 《증지부》II권 15쪽.

의 가슴에 출몰하는 악령들을 쫓아버리기도 어렵습니다. 이들 악이 앞서 얘기한 탐·진·치의 발로입니다. 끊임없이 마음을 단련해서 더없는 청정함을 성취하기 전까지 이들 악의 무리를 완전히 패퇴시킬 수가 없습니다. 단순히 외부의 사물을 포기한다거나 단식을 하는 등등은 사람이 청정해지는 데 도움이 되지 않습니다. 이런 일로는 사람이 고결·무해無害해질 수 없는 것입니다.

자기 학대는 한 극단으로써, 부처님께서 최초의 법의 선포 시에 이미 잘못된 것이라 하여 버리셨던 것입니다. 감각적 탐닉 역시 천한 짓이라 하며 거부하셨습니다. 이들 두 극단을 피해서 부처님께서는 옛 길,[32] 중도中道를 이 세상에 드러내주셨으며, 이 길은 지금도 힘겨운 중생들을 열반이라는 안전과 평화의 안식처로 이끌어주고 있습니다.

계戒·정定·혜慧의 삼학三學은 기본 가르침으로서 이들을 충분히 계발하면 정신 생활면에서 낮은 수준에서 높

---

32 [역주] 옛 길The Ancient Path: 과거의 부처님들께서도 걸었던 옛 길*purāṇa magga*, 곧 성스러운 팔정도를 뜻한다. 《상응부》 II권 106쪽 참조.

은 수준으로 오르게 되며, 어둠에서 밝음으로, 열정에서 냉정으로, 소란에서 고요로 나아갈 수 있습니다. 이들 세 가지는 수행[道]을 한 결과로 얻어지는, 서로 무관한 열매가 아니라 서로 불가분하게 어울리어 수행의 길을 이루고 있는 필수 부분인 것입니다.

빈번하게 인용되고 있지만 언제 들어도 새롭기만 한 저 유명한 통불게通佛偈[33]가 바로 이런 정신의 결정結晶이라 할 수 있을 것입니다.

모든 악을 버리는 것[諸惡莫作]
선을 개발하는 것[衆善奉行]
자신의 마음을 깨끗이 하는 것[自淨其意]
이것이 모든 부처님들의 가르침이다[是諸佛敎].

이만하면 '불교의 심리학적 측면'은 충분히 다루었다고 생각합니다. 결론을 맺으면서 저는 이 강연의 서두에서 말한바 바론 자야띨라까 경의 일생담이 바로 인간 마음의

---

33 《법구경》 183 게송.

강력한 힘을 실증하는 풍성한 실례가 된다는 얘기를 상기시켜드리고 싶습니다. 그의 유례없는 삶에서 우리 모두가 배울 수 있는 가장 중요한 교훈이 있다면 바로 불교 심리학에서 제시한 길을 따라 우리의 마음을 개선 발전시켜 나가는 것이 가능하다는 확신일 것입니다.

불교도의 삶을 실천하면 당연히 얻게 되는 마음의 고양과 정화가 따르지 않는 단순한 알음알이 공부는 아무 소용이 없습니다. 바론 자야띨라까 경의 생애 그리고 그 생애에 고무된 이 강연이, 인생의 매 구비마다 우리를 괴롭히는 크고 작은 모든 격정과 편견을 넘어서서 부처님께서 그렇듯 힘주어 강조하신 저 고매한 삶의 영역으로 안내해 주도록 바랍시다.

우리 모두 더 높은 삶을 살아 열반의 지복을 얻기를 바랍니다.

자애심을 품어라, 연민의 마음을 가져라.
그리고 계율에 따라 잘 절제하라!
활기차고, 목표에 열중하며,
언제나 용감하게 밀고 나아가라.

위험은 빈들거림[放逸] 속에 도사리고 있다는 것!

진지함[不放逸]³⁴은 확실하고 안전하다는 것!

이것을 너희가 안다면

닦아라,

팔정도를.

그러면 너희는 접하게 되리니.³⁵

네 자신의 것으로 만들어라. 저 불사不死의 길을.

《장로게송집 *Theragāthā*》 979~980 게송

---

34 [역주] 불방일不放逸 earnestness: 빠알리 원문은 아빠마아다*appamāda*

35 '접하게 되리니': '깨달으리라'라는 뜻.

━━━ 저자 소개

삐야닷시 큰스님 (1914~1998)

스리랑카 태생으로 출가 전에 날란다 대학과 스리랑카 대학에서 수학했
다. 20세에 출가하여 스리랑카의 저명한 고승인 와지라냐아나*Vajirañāṇa*
스님 밑에서 불법을 닦았다.

스리랑카 지도급 스님으로 힘 있는 설법과 라디오 전파를 통한 포교사로
널리 알려져 있다. 동서양을 두루 여행하면서 불법의 메시지를 전하는 한
편, 여러 국제 종교회의와 문화적인 모임에 남방불교 대표자로 참여했다.

또한 스리랑카 불자출판협회Buddhist Publication Society, BPS 간행시리즈의
싱할리어 본本 출판물 〈*Damsak*〉의 편집자이기도 하였다. 저작 중에서
〈고요한소리〉에서 번역, 출간된 책으로는 법륜·하나《부처님, 그분 – 생애
와 가르침》, 법륜·열여섯《칠각지》, 법륜·스물둘《연기》가 있다.

━━━ 〈고요한소리〉는

◦ 붓다의 불교, 붓다 당신의 불교를 발굴, 궁구, 실천, 선양하는 것을 목적으로 설립되었습니다.

◦ 〈고요한소리〉 회주 활성스님의 법문을 '소리' 문고로 엮어 발행하고 있습니다.

◦ 1987년 창립 이래 스리랑카의 불자출판협회BPS에서 간행한 훌륭한 불서 및 논문들을 국내에 번역 소개하고 있습니다.

◦ 이 작은 책자는 근본불교를 중심으로 불교철학·심리학·수행법 등 실생활과 연관된 다양한 분야의 문제를 다루는 연간물連刊物입니다. 이 책들은 실천불교의 진수로서, 불법을 가깝게 하려는 분이나 좀 더 깊이 수행해보고자 하는 분에게 많은 도움이 될 것입니다.

◦ 이 책의 출판 비용은 뜻을 같이하는 회원들이 보내주시는 회비로 충당되며, 판매 비용은 전액 빠알리 경전의 역경과 그 준비 사업을 위한 기금으로 적립됩니다. 출판 비용과 기금 조성에 도움 주신 회원님들께 감사드리며 〈고요한소리〉 모임에 새로이 동참하실 회원을 기다리고 있습니다.

◦ 〈고요한소리〉 책은 고요한소리 유튜브(https://www.youtube.com/c/고요한소리)와 리디북스RIDIBOOKS를 통해 들으실 수 있습니다.

◦ 카카오톡 채널(https://pf.kakao.com/_XIvCK)을 친구 등록 하시면 고요한편지 등 〈고요한소리〉의 다양한 소식을 받으실 수 있습니다.

◦ 〈고요한소리〉 홈페이지 안내
  - 한글 : http://www.calmvoice.org/
  - 영문 : http://www.calmvoice.org/eng/

∘ 〈고요한소리〉 회원으로 가입하시려면 이름, 전화번호, 우편물 받을 주소, e-mail 주소를 〈고요한소리〉 서울 사무실에 알려주십시오. (전화: 02-739-6328, 02-725-3408)

∘ 회원에게는 〈고요한소리〉에서 출간하는 도서를 보내드리고, 법회나 모임·행사 등 활동 소식을 전해드립니다.

∘ 회비, 후원금, 책값 등을 보내실 계좌는 아래와 같습니다.

국민은행	006-01-0689-346
우리은행	004-007718-01-001
농협	032-01-175056
우체국	010579-01-002831
예금주	**(사)고요한소리**

━━ 마음을 맑게 하는 〈고요한소리〉 도서

금구의 말씀 시리즈

하나	염신경念身經
둘	초전법륜경初轉法輪經

소리 시리즈

하나	지식과 지혜
둘	소리 빗질, 마음 빗질
셋	불교의 시작과 끝, 사성제 - 四聖諦의 짜임새
넷	지금·여기 챙기기
다섯	연기법으로 짓는 복 농사
여섯	참선과 중도
일곱	참선과 팔정도
여덟	중도, 이 시대의 길
아홉	오계와 팔정도
열	과학과 불법의 융합
열하나	부처님 생애 이야기
열둘	진·선·미와 탐·진·치
열셋	우리 시대의 삼보三寶
열넷	시간관과 현대의 고苦 - 시간관이 다르면 고苦의 질도 다르다
열다섯	담마와 아비담마 - 종교 얘기를 곁들여서
열여섯	인도 여행으로 본 계·정·혜
열일곱	일상생활과 불교공부

법륜 시리즈

보리수잎 시리즈

붓다의 고귀한 길 따라 시리즈

단행본

This translation was possible
by the courtesy of the Buddhist Publication Society
54, Sangharaja Mawatha P.O. BOX61
Kandy, SriLanka

법륜 · 일곱

마음, 과연 무엇인가
-불교의 심리학적 측면-

초판 1쇄 발행 1991년 6월 10일
2판 5쇄 발행 2023년 12월 26일

지은이   삐야닷시 스님
옮긴이   소만
펴낸이   하주락·변영섭
펴낸곳   (사)고요한소리

등록번호 제1-879호 1989. 2. 18.
주소   서울시 종로구 인사동길 47-5 (우 03145)
연락처   전화 02-739-6328 팩스 02-723-9804
          부산지부 051-513-6650 대구지부 053-755-6035
          대전지부 042-488-1689 광주지부 02-725-3408
홈페이지 www.calmvoice.org
이메일   calmvs@hanmail.net
ISBN   978-89-85186-16-2

          값 1,000원